A "BATEDORA" DE LACAN

Coleção ELOS
Dirigida por J. Guinsburg

Equipe de Realização – Tradução: Fabio Landa e Eva Landa • Revisão: Lilian Miyoko Kumai • Logotipo da coleção: A. Lizárraga • Capa e projeto gráfico: Adriana Garcia • Produção: Ricardo W. Neves e Raquel Fernandes Abranches.

Maria Pierrakos

A "BATEDORA" DE LACAN

LEMBRANÇAS DE UMA ESTENOTIPISTA IRRITADA

REFLEXÕES DE UMA PSICANALISTA AFLITA

PERSPECTIVA

Título original francês
La "Tapeuse" de Lacan

© L'Harmattan, 2003

Dados Internacionais de Catalogação na Publicação (CIP)
(Câmara Brasileira do Livro, SP, Brasil)

Pierrakos, Maria
  A "Batedora" de Lacan : lembranças de uma estenotipista irritada : reflexões de uma psicanalista aflita / Maria Pierrakos ; tradução Fabio e Eva Landa. — São Paulo : Perspectiva, 2005. — (Elos ; 56 / dirigida por J. Guinsburg)

  Título original: La tapeuse de Lacan.
  ISBN 85-273-0710-3

  1. Lacan, Jacques, 1901-1981 - Crítica e interpretação 2. Psicanálise - Estudo e ensino - Narrativas pessoais I.Guinsburg, J. II. Título. III. Série.

05-0040   CDD-150.195092

Índices para catálogo sistemático:
1. Psicanalistas : Biografia e obra
150.195092

Direitos reservados em língua portuguesa à
EDITORA PERSPECTIVA S.A.
Av. Brigadeiro Luís Antônio, 3025
01401-000 São Paulo SP Brasil
Telefax: (11) 3885-8388
www.editoraperspectiva.com.br
2005

Às minhas filhas.
Aos amigos e colegas que me apoiaram
com seus encorajamentos, sugestões e
críticas nesta tarefa quixotesca.

SUMÁRIO

Introdução – *Fabio e Eva Landa* 11

A "Batedora" de Lacan 15

INTRODUÇÃO

O texto que o leitor tem em mãos é fruto de um duplo esforço: o de testemunhar e o de analisar.

Maria Pierrakos durante doze anos presenciou, de um ponto de vista único, o desenrolar de um dos acontecimentos mais marcantes do século de existência da psicanálise: o seminário de Lacan marcou não apenas os espíritos dos que estiveram presentes, mas de uma maneira quase mítica, o imaginário daqueles que não viram com seus próprios olhos a cena e o enredo de um ensinamento que se desenvolveu ininterruptamente por vinte e cinco anos. Ela esteve no centro da cena, ao lado do protagonista principal, diante da platéia que desempenhava um papel importante em tudo o que se passava, exercendo uma função única: ela tinha de transcrever desapaixonadamente a palavra do mestre.

Lendo o presente texto, podemos constatar que o estar desapaixonado era uma tarefa imensa, impossível ou mesmo herética, tanto as paixões jogavam um papel primordial quase trágico em todos os detalhes do desenrolar do seminário e em cada um dos seus participantes.

Maria Pierrakos foi a estenógrafa oficial dos seminários durante doze anos, mesmo tempo em que ela fez também sua formação como psicanalista e curiosamente, sem se filiar à corrente lacaniana, mas tampouco imune a ela. Ulteriormente, já como psicanalista, foi uma das fundadoras com Jean Nadal, Jacques Lévine, Renée Vintraud e Mario Dabbah do Collège International de Psychanalyse et Anthropologie, uma associação de psicanálise que guarda ciosamente suas distâncias em relação às grandes instituições psicanalíticas com vocação planetária.

O esforço que a autora desse pequeno livro desenvolve para fornecer um testemunho do que foi uma longa e importante etapa do seu desenvolvimento, não deixa de ser comovente e ao mesmo tempo bem sucedido. Ela nos retraça em linhas extremamente despojadas, um esboço de personagens patéticos, sem os exageros de uma caricatura tendenciosa ou que impõe o ridículo. Pelo contrário, para o público em geral, e para o psicanalista em particular, ela nos fornece um material valioso para refletir sobre a política psicanalítica, a política das instituições psicanalíticas, sobre a transmissão entre as diferentes gerações de psicanalistas e, sobretudo, do psicanalista em grupo, escorregando nas armadilhas que atingem todos os agrupamentos humanos, a formação de massa.

Talvez, não seria exagerado pensar, que o livro de Maria Pierrakos é um documento testemunhal e psicanalítico que merece, além do apetite anedótico, uma reflexão demorada sobre o difícil emergir de cada psicanalista de uma situação de submissão hipnótica a uma atitude de atenção desperta e ciosa chamado por Lévinas de face-a-face, em que o rosto do outro instaura o traumatismo da interrupção do ser e instaura o humano no ser.

Fabio e Eva Landa

Ele já havia morrido há mais de vinte anos e não pensava mais nele, apenas algumas vezes quando, no rádio ou na televisão, uma forma obscura de frase, um tom falsamente zombeteiro recordavam-me aqueles anos passados a registrar e depois a transcrever as palavras do Mestre, no tempo em que eu era sua estenotipista.

A estenotipista é uma senhora que, com a ajuda de uma pequena máquina sobre a qual ela tecla com um ar ausente, registra um discurso, uma entrevista, um debate que é retranscrito em seguida integralmente por ela, outrora na máquina de escrever, hoje em dia, no computador.

Ao contrário do jornalista, que conduz uma entrevista, a estenotipista deve ser passiva e muda. Distinta do redator analítico, que deve resumir inteligentemente o conteúdo do texto à medida que o escuta, ela pode, se o tema não for muito árduo ou o ritmo demasiadamente rápido, fingir escutar o que se diz; um longo hábito que permite-lhe desconectar seus dedos de seu pensamento.

Diferentemente do estenógrafo[1], que deve observar suas anotações, ela pode encarar o orador e guardar para si, durante esses longos momentos de contemplação, uma certa quantidade de impressões que acabam constituindo um saber empírico não negligenciável, seguramente bem superficial quando refere-se ao objeto dos debates, mas que se torna cada vez mais profundo, ao longo dos anos, no que diz respeito às pessoas.

Naquela época, tal ofício, considerado profissão liberal, levava-nos aos meios mais variados e proporcionava-nos a oportunidade de contemplar (longamente insisto nisso, pois um dia de congresso representa sete horas de contemplação) as personalidades mais marcantes. É assim que "observei": o general de Gaulle, em 1958; Debré e Mitterand confrontados ao processo Salan; Céline em Meudon; o professor Laborit apresentando o primeiro neuroléptico no congresso de agressologia, os ganhadores do Nobel de Ciência discutindo uma moratória; e Piaget e Bachelard na Sorbonne. Mas também numerosos ministros, prefeitos, presidentes, vice-presidentes, secretários gerais de conselhos de administração, de partidos políticos, de sindicatos, de comitês de empresa, de agrupamentos profissionais, de congressos científicos, de clubes esportivos. . .

Se uma socióloga estivesse entre nós, teria ao seu dispor todos os elementos para um estudo exaustivo sobre as estruturas grupais de um dado momento da França. O que me tocava, no entanto, estava no jogo entre o indiví-

---

1. Na Câmara, por exemplo, existe ao mesmo tempo estenógrafos e redatores analíticos.

duo e o objeto do discurso, nas relações entre o indivíduo e a personagem, no grau de encenação, na necessidade de disfarce, no uso da voz, na sua tonalidade, no seu calor, na sua secura ou na sua insipidez. Alguns distintos funcionários desapareciam completamente por detrás de seu tema, só existiam por ele, mas isso não causava mal-estar; eram excelentes intérpretes a serviço de uma música que deveria ser ouvida da melhor maneira possível (e sabe-se que nos meios internacionais, nesse aspecto, os distintos funcionários franceses são os melhores do mundo). Ao contrário, em alguns homens políticos, é evidentemente a personagem que se encontra em primeiro plano, que seduz, que convence; o que determina a leitura enfadonha dos relatórios *in extenso* (exceto aqueles que tratam de temas puramente técnicos) é o congelamento da escritura, a ausência de elaboração literária, mostrando a pequena parcela que a palavra contribui no discurso. Em certos eruditos, a paixão do homem por seu tema resultava numa mescla um pouco bizarra, às vezes, um pouco delirante, porém sempre deliciosa de se ver e se escutar. Eles eram, ao mesmo tempo, completamente sujeito e objeto!

Haveria muito o que dizer sobre a riqueza e a diversidade dos jogos e dos dramas que se desenrolaram, diante dos meus olhos, em todos aqueles anos. Porque não existe apenas o orador, há também a sala, sua respiração, seus ruídos, seus espasmos, sua violência ou docilidade. A respeito disto, a lembrança mais impressionante de toda minha carreira é a entrada do general de Gaulle na sala de sessão, no primeiro dia de reunião da comissão que elaborava a Constituição da V República:

cerca de trinta personalidades presentes, entre elas políticos consagrados como Paul Reynaud, levantaram-se espontaneamente como meninos na entrada do mestre; podia-se quase tocar a aura de respeito e mesmo de reverência que cercava esse homem. Num contexto completamente diferente, jamais esqueci de "três blocos de gelo" vestidos de vermelho, os juízes do tribunal militar, no Forte de Vincennes, escutando Gisèle Halimi defender os membros da FLN* durante a guerra da Argélia.

E, desde o maior partido político até o grupúsculo profissional mais insignificante, os mesmos jogos de poder, os mesmos jogos de espelho, as mesmas lutas mortais. Mas voltemos a Lacan.

---

*. Frente de Libertação Nacional. (N. da T.)

A pequena aristocracia dos estenotipistas de conferência é um meio restrito. Todo mundo se conhece e se "repassa" os clientes, geralmente em função da disponibilidade de tempo, às vezes, por afinidades. Foi assim que herdei Lacan, num belo dia de 1967; ninguém o queria por ser demasiado complicado. "Você faz o curso de psicologia, é para você, pegue-o!". Então, peguei-o. . . e mantive-o durante doze anos. Depois de enfim terminado o árduo percurso de formação analítica, ao cabo de vinte e cinco anos de estenotipia, mudei de lado e impliquei-me decididamente em minha nova profissão, que exerci também por vinte e cinco anos, com alguns episódios em que deslizei entre uma e outra – o que não foi fácil.

Não pensava mais absolutamente em Lacan até ler um artigo[1] sobre as publicações do Genro (chamemo-lo

---

1. *Le Monde des Livres*, 1.03.2002.

Jacques-Ali*, já que eles amam os jogos de palavras); meu furor voltou, inteiro. Um furor que não havia me deixado um só instante durante os doze anos em que oficiei, às terças-feiras, do meio-dia e meia às quatorze horas, bem como nas jornadas de estudo e nos grandes congressos – Deauville, Montpellier, Estrasburgo, Aix-en-Provence, Roma. A palavra *oficiar* não é exagerada: a grande maioria do seminário, admirada, dava passagem com veneração para minha máquina e eu: o cibório das Sagradas Palavras.

Quando comecei a trabalhar para Lacan, o seminário acontecia na Escola Normal Superior, depois, durante certo tempo em Vincennes e, finalmente, na faculdade de Direito, onde me exibia sobre o palco por algumas semanas; dessa época permanece uma foto que reaparece regularmente na imprensa, na qual se vê, ao lado de um esplêndido Lacan de belos cabelos brancos com a mão tendida para não se sabe qual verdade, uma rã amuada: sou eu.

O seminário! Atmosfera inúmeras vezes assim descrita: empurra-empurra, rebuliço, fumaça, conversas. Então o Mestre chega, sobe no palco e começa a falar; um silêncio místico se instala – escuta-se apenas o ruído nervoso das esferográficas e os cliques aflitos dos gravadores: seria possível perder uma única palavra?

Sobre o palco, apenas alguns poucos privilegiados. Quantos espetáculos nessa cena! Citemos a comédia-balé da *Bela Peliça*: quem, nesta semana, teria o privilégio de ajudar o Mestre a vesti-la? Ou a tragédia do *Amor Espezinhado*: vi subir à direita do Pai um discípulo muito

---

*. A autora faz referência a Ali, genro de Maomé. (N. da T.)

querido que, literalmente, irradiava sua luz, mas rapidamente foi para outras plagas que o sol levou seus raios; e esse homem, sob meus olhos, ao longo de algumas semanas, pouco a pouco apagou-se, desestruturou-se, destruiu-se e, durante esse tempo, um outro satélite despontou no horizonte.

Todas as igrejas têm suas fraquezas, seus jogos de poder, suas paixões, por vezes seus enfeudamentos, freqüentemente suas intolerâncias. Posso falar com conhecimento de causa, também sou do ramo, de um outro que também tem seus defeitos, por que seria diferente? Trata-se, porém, com a Escola Freudiana, de um salto qualitativo: parece-me que a natureza dos enfeudamentos, dos jogos, das intolerâncias era outra, provocando uma série de efeitos, cujas conseqüências percebemos ainda hoje e cuja importância só pude verdadeiramente perceber quando eu mesma comecei a trabalhar como analista.

Falei de furor. Direi o que o provocou naquele momento, mas necessitei de muito tempo, em seguida, para analisá-lo. Desde o primeiro momento, tive a impressão de um logro, de uma ilusão. Jamais, em tempo algum, nenhum dos personagens que desfilaram diante de mim, nem mesmo o sinistro médico-legista que se apresentou para os coronéis gregos diante da Comissão dos Direitos Humanos em Estrasburgo, nenhum me causou a impressão de impostura, impressão jamais desmentida ao longo dos anos.

Impostura. A palavra é violenta. Por que essa impressão? No pior dos casos, tratava-se de um professor um pouco insensato que gesticulava sobre um palco; ou, no melhor dos casos, de um teórico que apresentava suas hipóteses para um auditório apaixonado. Em nenhum dos dois casos poderíamos falar de impostura. Tentarei então justificar a impressão e o termo.

Meu propósito não se refere à teoria lacaniana propriamente dita. Outros já fizeram essa análise e criticaram-na melhor do que eu seria capaz de fazê-lo. Citemos a crítica da noção de gozo por André Green[2], a crítica do conceito de real por François Roustang[3], a crítica da teoria do significante por François George, numa obra cujo alcance é muito maior do que deixa transparecer seu título provocador[4] e o esplêndido estudo de Cornelius Castoriadis[5] que, comentando sobre a obra de François Roustang, *Un destin si funeste*[6], estende-se longamente nas implicações e nas falhas daquilo que ele chama de "a psicanálise à la Lacan".

É preciso reconhecer que Lacan elaborou, ao longo dos anos, conceitos utilizados anos atrás e ainda hoje nos trabalhos clínicos de seus colegas. Alguns desses conceitos tornaram-se a tal ponto parte integrante do pensamento psicanalítico francês que ninguém dentre nós, não importa quão "anti-lacaniano" seja, pode vangloriar-se de não utilizá-los de vez em quando. Não se pode recri-

---

2. A. Green, *Les chaînes d'Eros*, Paris, O. Jacob, 1997.
3. F. Roustang, *Lacan de l'équivoque à l'impasse*, Paris, Minuit, 1986 (Em português: *Lacan: Do Equívoco ao Impasse*, tradução de Roberto Cortes de Lacerda, Rio de Janeiro, Campus, 1988).
4. F. George, *L'effet 'Yau de Poêle*, Paris, Hachette, 1979.
5. C.Castoriadis, "La psychanalyse, projet et élucidation", em *Les carrefours du labyrinthe*, vol. I, Paris, Seuil, 1978 (Em português: *Encruzilhadas do Labirinto*, Rio de Janeiro, Paz e Terra, 1987).
6. F. Roustang, *Un destin si funeste*, Paris, Minuit, 1976 (Em português: *Um Destino tão Funesto*, tradução de Jorge Bastos, Rio de Janeiro, Timbre Taurus, 1987).

minar, ao pesquisador que foi Lacan até sua morte, que essa elaboração tenha se tornado cada vez mais abstrata, uma tentativa cada vez mais desesperada de colocar o funcionamento psíquico em fórmulas. Esse trabalho teórico permitiu despertar a psicanálise de uma certa letargia, destacá-la de uma psicologia do ego bastante estéril para a qual se desviava a escola americana, distinguir-se de uma facilidade psicoterapêutica, de uma certa banalidade. Desde muito antes de Sócrates, passando por Hölderlin, a dança em torno da verdade, mais ou menos selvagem ou civilizada, jamais deixou de animar os pensadores. A esse propósito, os achados de Lacan, que não são apenas efeitos de linguagem, estimularam muitos de seus rivais.

Meu propósito não concerne tampouco ao psicanalista Lacan. Não estive com ele em análise nem em supervisão; não conheci pessoalmente nenhum de seus pacientes. Inúmeros testemunhos dizem da pertinência de suas intervenções e interpretações e de seu interesse apaixonado por seus analisandos. Outros, posteriormente, darão uma outra imagem, que tratarei de delinear, mas para isso terei de fazer um grande desvio.

Examinemos a teoria da prática que foi tão severamente criticada: as sessões curtas, a escansão[7], todos esses

---

[7]. Corte da sessão no momento escolhido pelo analista, de acordo com certos critérios. "Assim, é uma pontuação feliz que dá seu sentido ao discurso do sujeito. É por isso que a suspensão da sessão, que a técnica atual toma como uma parada puramente cronométrica e, como tal, indiferente à trama do discurso, desempenha o papel de uma escansão que tem o valor de uma intervenção, para precipitar os momentos conclusivos. E isso

aspectos que, como a própria psicanálise em seu conjunto, podem ser empregados para o melhor e para o pior. Essas práticas, talvez mais do que outras, era uma porta aberta a certos abusos, mas não seriam, apenas por si mesmas, capazes de justificar o termo de impostura.

Então?

---

indica liberar esse termo do seu quadro rotineiro para submetê-lo a todos os fins úteis da técnica", em Lacan, *Écrits*, 1966, p. 252 (Em português: *Escritos*, tradução Inês Oseki-Dépré, 4. ed., São Paulo, Perspectiva, 1996; e *Escritos*, tradução de Vera Ribeiro, Rio de Janeiro, Jorge Zahar, 1998).

Encontrei Lacan num momento já bem tardio de sua trajetória: ele já tinha produzido importantes elaborações teóricas, entre as quais *"Le stade du miroir comme formateur de la fonction du je"* ("O Estádio do Espelho como Formador da Função do Eu") (1949)[1] e o famoso discurso de Roma, *"Fonction et champ de la parole et du langage en psychanalyse"* ("Função e Campo da Palavra e da Linguagem em Psicanálise") (1953)[2], o seminário de Sainte Anne e suas apresentações de pacientes, reputadas por sua fineza clínica, a publicação dos *Écrits* (*Escritos*); e sua travessia do deserto, por ocasião da enquete desencadeada pela IPA (International Psychoanalytical Association) sobre sua técnica de analista didata. Porém, quando comecei a trabalhar para ele, seria o começo dos dez anos gloriosos. No seminário que fervilhava de ad-

1. Em *Écrits, op.cit.,* p. 93
2. *Idem, ibidem,* p. 237 .

miração, não compareciam apenas os analistas, toda a *intelligentsia* parisiense acorria a ele.

Quando começou o desvio? Não sei. Porém, a estenotipista, surpreendida num grupo em que ela está, ao mesmo tempo, dentro e fora (posição mais ou menos análoga ao do analista), não tendo sido capturada pelos efeitos de sedução, sente intensamente o que pode haver de tenso ou, ao contrário, de harmonioso na atmosfera que reina ao seu redor.

Sentada então na primeira fileira, sem nenhuma dificuldade em seguir o ritmo de Lacan, que falava bem lentamente, me deixava invadir por minhas sensações e associações. Pensava no rei nu de Andersen; sentia que se tratava também dos olhares dos auditores, apontados tão intensamente para ele que cobriam Lacan com seus esplêndidos ouropéis. Pensava em um outro rei, aquele do jogo de cartas de Alice através do espelho, tanto Lacan me dava a impressão de não ter espessura, apenas frente e verso, ou a uma marionete do teatro de sombras, o famoso Karagheuz. Pensava em *A Ponte do Rio Kwai*: o coronel inglês, prisioneiro dos japoneses, esquece, devido sua paixão pela construção da ponte imposta aos prisioneiros, que o objetivo final era explodi-la. Em que momento Lacan esqueceu, em suas construções cada vez mais elaboradas, o objetivo final da psicanálise: a libertação do prisioneiro, a vitória contra as forças de opressão da vida psíquica?

O auditório parecia-me ora um conjunto de ratos com seus bigodes agitados, seguindo fascinados os deslocamentos do belo gato sobre o palco, hipnotizados pelo seu ronronar e esperando em êxtase serem devorados, ora, visão de *science-fiction*, uma assembléia de clones, de pequenos Lacans, de Lacans em miniatura, imitando seus suspiros, sua maneira de vestir, tentando falar como ele, comportar-se como ele, acreditando que o resto viria por si só...

A impostura revelava-se no ser monstruoso representado pela entidade Lacan/auditório, par perverso que comungava numa linguagem secreta e em ritos sectários, por um lado desvelando mistérios; por outro, a submissão e a adoração. O murmúrio orgástico aplaudindo os ditos espirituosos do grande homem, os movimentos varrendo a massa no momento de um achado, o abandono desse grande corpo às ondas provocadas pela voz do Mestre, havia lá alguma coisa de quase obsceno para aqueles que como eu, não participavam da comunhão, estando na posição de observador.

Por que em posição de observador? Por que não poderia simplesmente tirar proveito das construções teóricas expostas ao longo dos seminários, como todos aqueles que me cercavam? Porque – é o que penso atualmente – os procedimentos de sedução e de dominação apareciam para mim em primeiro plano e escondiam o que poderia haver de apaixonante nessa pesquisa elaborada em público.

Na época, não sabia analisar esses procedimentos. Era o virtuosismo, a maestria com que Lacan os manejava e misturava que provocava esse efeito de enlevo em seu público. Encontrávamo-nos num sistema cada vez mais aperfeiçoado de paradoxos chocantes e irrefutáveis, de injunções paradoxais paralisantes e de demonstrações eruditas expressas no estilo que conhecemos.

A princípio, o que chocava no seminário era a língua empregada por Lacan. As línguas e os jargões técnicos representam uma grande dificuldade para a estenotipista, porém essas línguas são sempre coerentes: basta captar o código. Isso não vale para o *parlacan** que se tornava cada vez mais complicado ao longo dos anos, alambicado, torcido como seus charutos do último período. Pode-se escutar, então: "não tenho que comunicar-lhes um código" ou "cada um tem o direito de inventar seu código". Além da desenvoltura e da arrogância desse discurso latente, encontramo-nos na confusão de línguas da qual falava Ferenczi[1]. E, mais que uma dupla linguagem, existe uma multiplicidade delas, que seriam todas igualmente

---

*. *Parler* + Lacan (falar + Lacan). (N. da T.)
1. S. Ferenczi, *Psychanalyser*, vol. IV, Paris, Payot, 1982, p. 125 (Em português: *Psicanalisar*, vol. IV, tradução de Álvaro Cabral, São Paulo, Martins Fontes, 1992).

verdadeiras ou válidas, não sendo preciso escolher. Ou ainda uma linguagem elevada à potência x, várias linguagens comprimidas e condensadas num todo de mensagens, ebriedade. . . Tudo seria, então, igualmente bom de se pensar. Voltarei a esse ponto essencial, porque ele coloca em jogo toda a ética de nossa profissão.

Já foi dito que o seminário funcionava como uma análise, que Lacan dava continuidade à sua análise graças ao interesse de seus ouvintes e que estes, por sua vez, continuavam as próprias análises, cada um por si, seguindo suas associações numa liberdade de pensar cada vez maior. Eis-nos aqui no cerne de uma injunção paradoxal, do tipo *seja livre/seja escravo*. Os discípulos puros e duros de Lacan sentiam-se, concomitantemente, convidados a serem livres e, seguindo a fórmula inesquecível, deixar advir seu desejo, porém eles não podiam deixar de aderir a um certo modo de pensar: que rede começou a capturá-los progressivamente, até finalizar com a famosa assinatura, sinal de submissão?[2]

Pode-se dizer então que Lacan continuava a ser analista no palco do seminário? Talvez, com seus analisandos e quase até o final, ele se manteve dentro dos limites deontológicos de sua função. Porém, o quadro do seminário permitia-lhe dar livre curso a muitas pulsões. Se o discurso manifesto era uma pesquisa teórica cada vez mais elaborada, essa língua labiríntica, que evoca o jogo em que se deve encontrar a saída por meio de um caminho propositadamente complicado, traduzia um desejo com-

---

2. No momento da dissolução da Escola Freudiana decidida por Lacan (janeiro de 1980).

pletamente distinto. Pois quem diz labirinto, também diz Minotauro. . .

Romper a coerência da linguagem, obrigar o auditório a permanecer à espreita para seguir os meandros do pensamento, sugerir uma lógica não-euclidiana, abrir túneis nas profundezas obscuras do inconsciente, quer dizer, ter uma função essencialmente estimuladora – existe algo mais psicanalítico? Porém, os túneis desembocavam em outros túneis, ao infinito; e de surpresa em surpresa, de emoção em emoção, quantos não caíram numa sideração que deixava lugar apenas para uma imitação espasmódica.

Imitação não apenas das formas de frase e da voz, como eu disse, mas também do comportamento. E gostaria aqui de transcrever uma recordação pessoal, que não teria nenhuma importância (a não ser uma ferida narcísica para mim) se não tivesse um valor simbólico.

Volto então, por um momento, à estenotipia. A estenotipista deve ser um instrumento fiel e silencioso, ela deve ser o mais transparente possível; sua existência só deve ser manifestada pela qualidade de seus relatórios. Contudo, essa existência não é totalmente negada: do ministro afável ao sindicalista resmungão – ou vice-versa – meus colegas e eu encontramos todos os graus de cortesia comum. Porém, a medalha de ouro em matéria de boçalidade, confiro-a solenemente a Jacques Lacan que, em doze anos, não me dirigiu uma única vez a palavra (tudo era intermediado pela gentilíssima tesoureira da Escola Freudiana)[3]. Precisei diri-

---

3. O mimetismo agia menos quando se tratava das mulheres; estas portavam, principalmente, sobre Lacan, o olhar enternecido de uma mãe sobre seu filho insuportável e superdotado.

gir-me diretamente a ele em duas ocasiões: a primeira vez, quando fui tremendo aos bastidores do seminário (nenhum de seus próximos ousava fazê-lo!) avisá-lo que eu necessitava sair cinco minutos mais cedo, devendo ele parar um pouco antes da hora habitual; Lacan respondeu com um grunhido e anunciou em seguida à sala: "a batedora me disse. . ."; a segunda vez, quando meu marido veio buscar-me; Lacan lhe disse: "mas eu o conheço, meu velho!"; meu marido tendo respondido modestamente "eu sou o marido da senhora", ele virou-lhe as costas...

Isso teria tão somente um valor anedótico, a acrescentar aos numerosos episódios lembrados com uma fidelidade não isenta de perfídia na obra de Elisabeth Roudinesco[4], se Lacan não tivesse sido tão imitado e as ondas desse comportamento insolente – e trata-se de um eufemismo – não se propagassem ainda hoje: de Lacan a seus discípulos, destes a seus analisandos, e dentre estes, por sua vez, dos que se tornaram analistas a seus pacientes, destes pacientes aos seus próximos e aos seus filhos. Somos tomados de vertigem diante dessa progressão exponencial se pensarmos que, numa certa época, a Escola Freudiana contava com cerca de mil membros...

Na mesma ordem de idéias, citemos Pierre Rey[5], ao relatar sua análise com Lacan, encontrando-se a tal ponto

---

4. E. Roudinesco, *Jacques Lacan,* Paris, Fayard, 1997 (Em português: *Jacques Lacan: Esboço de uma Vida, História de um Sistema de Pensamento,* tradução de Paulo Neves, São Paulo, Companhia das Letras, 2001).
5. P. Rey, *Une saison chez Lacan* , Paris, Robert Latffont, 1989, p. 214 (Em português: *Uma Temporada com Lacan: Relato,* tradução de Sieni Maria Campos, Rio de Janeiro, Rocco, 1990).

capturado numa transferência hipnótica que ousou expor, sem pestanejar, essa frase do seu analista: "quanto mais você se tornar ignóbil, melhor será"! Ele acrescenta, "o repente de Lacan, evidentemente, não é para ser tomado literalmente, mas no seu sentido de derrisão". Isso nos tranqüiliza! Porém, quantos discípulos sabem ir além do literal e do não literal em todas as ilações possíveis, quantos ultrapassam alegremente as fronteiras. . . ?

O que me leva a evocar uma outra frase de Lacan, cuja autenticidade não é garantida por mim, mas que – *se non è vero*. . . – tem todo um caráter simbólico: uma paciente foi queixar-se a Lacan: "Doutor, eu tenho um mau-olhado". Ele teria respondido com uma voz sepulcral: "não existe bom-olhado". Talvez se trate apenas de mais um repente, porém essa palavra poderia ser interpretada, por um paciente desnorteado, como infinitamente trágica: seria como se o "Doutor" lhe abrisse a porta da morte, não com tristeza, mas com derrisão. Se a verdade é apenas um dizer pela metade, bela fórmula lacaniana, eis uma verdade dita inteiramente, irredutível, que mata – lâmina da guilhotina.

A língua lacaniana tinha uma outra característica: o uso bastante freqüente, para não dizer compulsivo, do chiste. Jogos de palavras, inversões de letras ou palavras que produzem sentidos burlescos, trocadilhos, salpicavam o discurso de Lacan. Citemos a famosa *poubellication**, as três virtudes teologais: a *foire***, *lasciat 'ogni speranza et*

---

*. *Publication* + *poubelle* (publicação + lixeira). (N. da T.)
**. *Foi* = fé, *foire* = feira. (N. da T.)

l'archiraté*, a *sibériétique*** (para a cibernética gelada) e *lituraterre**** entre outras. Não se pode deixar de apreciar esses achados, que descendem diretamente dos virtuosismos da época surrealista, mas podemos nos perguntar em que eles eram necessários aos raciocínios e demonstrações que constituíam o eixo do seminário. E podemos nos perguntar, também, como as pessoas que eram compelidas a reler Freud, devendo estar atualizadas com os escritos freudianos, não foram buscar nesses textos alguns indícios?

Entre os chistes, Freud distingue aqueles que constituem por si mesmos sua própria finalidade e aqueles que são tendenciosos[6]. Ele chama os primeiros de *harmlos*, que na tradução francesa, aliás excelente, é traduzido por *inocentes*, mas que eu chamaria talvez de *inofensivos*, podendo também serem chamados de *benevolentes*, em oposição aos tendenciosos, que seriam ofensivos ou maldosos.

O riso, num e noutro caso, não é o mesmo. Quando Raymond Queneau ou Frédéric Dard, por exemplo, produzem um trocadilho, partilhamos com boa vontade a jubilação de seus achados, oferecidos por eles também com jubilação. Tomemos entre mil outros

---

*. *Charité* = caridade; *archiraté* = supererrado. (N. da T.)
**. *Sibérie* = Sibéria; *cybernétique* = cibernética. (N. da T.)
***. *Littérature par terre* = literatura por terra. (N. da T.)
6. S. Freud, *Der Witz und seine Beziehung zum Umbewussten*, p. 98, em *Gesammelte Werke*, T VI. *Le mot d'esprit et sa relation à l'inconscient*, Paris, Folio, p. 177, tradução de Denis Messier (Em português: *O Chiste e sua Relação com o Inconsciente*, Rio de Janeiro, Delta).

a *périphéripatéticienne**, prostituta de subúrbio (autor: o comissário San Antonio, aliás, Frédéric Dard). Porém, com os chistes de Lacan, encontramo-nos num registro completamente diferente e citarei Freud: "Ele [o homem espirituoso] utiliza o mesmo meio para transformar o ouvinte, que a princípio era indiferente, num companheiro de ódio ou de desprezo. . ."[7].

Estarei indo longe demais ao dizer que as brincadeiras, os trocadilhos e a inversão de letras ou palavras de Lacan eram raramente *harmlos* e que, pelo contrário, seu objetivo era extremamente ofensivo e agressivo?

E isso tudo é transmitido até os dias de hoje entre os pós-lacanianos, agravando-se ainda, por exemplo, no artigo que citei: essa lengalenga verbal, mescla de preciosismos e de mau jogo de palavras; sinto-me obrigada a fazer um também: eles têm o vício do *Witz* [chiste]. A serviço de que gozo? O que substitui o jogo de língua? O que esconde, o que revela esse desejo de siderar, de captar, de hipnotizar? A resposta a estas questões tornar-se-á cada vez mais evidente ao longo dessas páginas, mas já podemos observar aqui como a pulsão de dominação se perpetua; o efeito de grupo potencializa-a e a arrogância dos enunciados crípticos continua a deixar estupefato o discípulo ingênuo.

Porque um outro procedimento atuava ainda no seminário, ou seja, o uso de certas fórmulas sibilinas, abissais desencadeia uma excitação na interpretação: *o real é o*

---

*. *Périphérie* + *péripatéticienne* (subúrbio + peripatética). (N. da T.)
7. *Op. cit.*, p. 247 da tradução francesa.

impossível; a mulher, isso não existe; existe o Um; não existe relação sexual etc.

O homem sempre amou as fórmulas misteriosas e venerou seus intérpretes. O papel dos grandes sacerdotes de Delfos era interpretar o oráculo; o papel dos grandes sacerdotes de Epidauro – dos quais somos os descendentes, a partir de Freud – era interpretar os sonhos dos doentes. Porém, Lacan não se satisfez, enquanto bom analista, em ser intérprete, ele assumiu o lugar do deus ou da esfinge ou da Pítia, ele é a Pítia e o grande sacerdote; ele diz o enigma e ele o resolve. Acúmulo de papéis que dá muito a pensar do ponto de vista da castração.

Se acrescentarmos a isso as teorizações matemáticas cada vez mais complexas ao longo dos anos, e uma pesquisa desesperada de Lacan nesse aspecto (Charles Melman[8] nos diz que os matemáticos que ele assediava "continuavam sem saber o que Lacan esperava deles") somos implicados numa vertigem ao mesmo tempo esquizofrênica e megalomaníaca: por um lado, pode-se pensar sem limites, ao infinito; por outro, pode-se colocar tudo em fórmulas matemáticas, os famosos matemas. Pode-se chegar ao fim do infinito e voltar indene, tendo-o encerrado em algumas letras e expoentes.

Houve, então, a colocação de sistemas extremamente complexos, como os cartéis, grupos de exegese em que era absolutamente necessário 4+1, número longamente justificado, ou o passe, tentativa de resolver o eterno problema da iniciação e da entronização, no qual esbarraram todas as escolas de psicanálise. A solução ten-

---

8. Obra coletiva: *Quartier Lacan*, Paris, Denoël, 2001, p. 108.

ada por Lacan, sabiamente argumentada filosoficamente, mas que exigia um impossível angelismo (quem quer ser anjo. . .), terminou por desembocar nos resultados que fazem pensar inexoravelmente no quebra-cabeças da cabra, da couve e do lobo.

Como se, quanto tudo fosse mais complicado, árduo, quase inacessível ou dificilmente concebível, quanto mais as relações humanas fossem encerradas nas redes habituais, rompendo as relações comuns, mais os limites do saber e mesmo do ser seriam repelidos e mais, eterna tentação demoníaca, seríamos iguais a Deus. Para chegar, no final, ao espetáculo desolador de um ancião jogando aos seus ouvintes pedaços de barbante, representando os nós borromeanos e das mãos se tendendo para pegá-los, como crianças no circo, a quem o prestidigitador joga as moedas saídas de seu chapéu. E da mesma forma que Adão e Eva foram expulsos do paraíso terrestre por terem cedido a essa tentação e que, em seguida, Caim matou seu irmão, assistimos igualmente às lutas sangrentas, aparentemente pela herança, mas que não teriam sido tão ásperas, se o motivo não fosse um poder além das corriolas e lutas de igrejinhas.

O diabólico não estava apenas do lado do conhecimento. Tal como Mefisto, Lacan mostrava um desprezo combeteiro por tudo que fosse sentimento; a palavra "gentil" era obscena para ele. Mas ao mesmo tempo, diziam, ele mostrava, em seus contatos diretos com os seus analisandos, um calor e uma afetividade nada em comum com aquilo que ele passava no seminário. Aqueles que estavam em análise com ele ou que, uma vez a análise terminada, continuavam a freqüentar o seminário seguindo seu conselho (sua injunção?), tinham então a impressão de que o rosto oferecido ao público, o rosto cínico e frio, não tinha nada a ver com o que eles conheciam e essa transferência jamais liquidada mantinha-os irrevogavelmente escravos, pois eles acreditavam possuir cada um para si, Janus inteiro.

Além disso, o uso do paradoxo era permanente, um paradoxo particular que, longe de ser um instrumento de abertura ou de flexibilidade do pensamento, provocava efeitos de sideração e de fechamento. O emprego do paradoxo lacaniano faz pensar, irresistivelmente, no dispositivo cruel de fabricação de uma neurose experimental: apresenta-se a um gato um círculo associado a uma recompensa e uma curva oval associada a uma punição e aproxima-se paulatinamente uma da outra; conhece-se o resultado. Tomada entre tantas outras, a fórmula "não há nada mais compacto que uma fissura" é desse tipo. Se Lacan tivesse se contentado em ser poeta, isso poderia nos fazer sonhar, como sonhamos ao escutar "O céu azul como uma laranja". Porém, não estamos na poesia. Em nenhum outro aspecto se pode perceber melhor a distinção de Bachelard entre o espírito de devaneio e o espírito científico, distinção que ele respeitou tão escrupulosamente em sua obra e que é lembrado por ele ao falar da necessária ruptura entre a imagem e o conceito[9]. Lacan, em sua embriaguez, expulsa a imaginação por um lado, mas ela reaparece por outro. Não apenas o princí-

---

9. G. Bachelard, *Poétique de la rêverie*, Paris, PUF, 1960, p. 182 (Em português: *A Poética do Devaneio*, tradução de Antonio de Pádua Danesi, São Paulo, Martins Fontes, 1996).

pio de não-contradição é permanentemente abalado, mas a confusão de gêneros aumenta ainda o sentimento de incoerência, que Roustang[10] eleva ao nível de princípio de incoerência.

Ainda aí, observa-se a embriaguez, que consiste em superpor os contrários, em colocar-se para além do pensamento banal, em jogar com o impossível. E, como sempre, os epígonos repetem edulcorando. Citemos essa brilhante fórmula do analisando lacaniano típico que é Pierre Rey[11]: "a felicidade nunca tornou ninguém feliz". Eis uma frase que é aparentemente de uma profundidade paradoxal extrema e que não passa, na verdade, de uma besteira, ou pior, uma dessas obscuras asserções universais: é impossível ser feliz.

Estamos de novo às voltas com a problemática do tudo, com a negação do terceiro excluído, com uma fantasia de solução da quadratura do círculo ou, para falar em termos simplesmente analíticos, com a negação da castração. E esse jogo permanente de transgressão desembocou numa estranha subversão dos termos: o *sujeito suposto saber* tornou-se o sujeito que sabe, um *discurso que não seria fingido* tornou-se o fingimento de um discurso e o *nome-do-pai* um pai que não merecia esse nome[12].

E foi assim que durante tantos anos mergulhei nesse discurso obscuro e desesperado.

---

10. F. Roustang, *op. cit.*, p. 105.
11. P. Rey, *op. cit.*, p. 29.
12. Sibylle Lacan, *Un père*, Paris, Gallimard, 1994 (Em português: *Um pai: Puzzle*, tradução de Maria Amália Ramos, Rio de Janeiro, Bertrand Brasil, 1996).

Por que ter permanecido tanto tempo? Era um trabalho muito bem remunerado e, além do mais, regular, o que é raro nessa profissão. Porém, durante esses anos que foram ao mesmo tempo os anos de análise e de formação para mim, permanecia a esperança, sempre decepcionante, de que esse banho superconcentrado de teoria psicanalítica acabaria por me impregnar, talvez por osmose. "Não é possível, dizia para mim, alguma coisa vai acabar desencadeando-se, vou acabar tirando alguma coisa dessas fórmulas, desses quatro discursos[1], desses nós borromeanos[2],

---

1. O discurso do mestre, o discurso do universitário, o discurso da histérica e o discurso do analista, representados pelo matema S1/S2'→$/a
2. Conjunto de três círculos (originalmente brasões das Ilhas Borroméias) trançados de tal maneira que se cortarmos um, os dois outros se liberam (diferentemente do nó olímpico, emblema dos jogos de mesmo nome). O nó borromeano representa o famoso RSI (real, simbólico e imaginário).

desses matemas". Porque não apenas escutei os seminários, mas reescutei-os no gravador. A voz de Lacan ressoou por horas e anos entre as paredes do meu apartamento enquanto transcrevia-os, durante horas e anos, em milhares de páginas.

Contudo, esse ensinamento permaneceu letra morta para mim. E essa expressão, nesse caso, tem totalmente sentido. Efetivamente, foi também durante os anos em que passei paulatinamente do trabalho de estenotipista (Lacan foi meu último "cliente") para o de psicoterapeuta, depois para o de analista, que me apareceu o hiato, para não dizer o abismo, que existe não entre as diferentes teorias analíticas, e sim entre as diferentes concepções do trabalho de analista.

Não me situo no plano da teoria nem da teoria da prática, mas na fronteira tênue entre o domínio do pensado e o domínio do vivente, justamente a relação real com os seres de carne e osso que são nossos pacientes, com suas lágrimas, seu mal-estar, sua busca da felicidade simplesmente. Quero chegar, já se deve ter percebido, no sentido que damos, uns e outros, nas diferentes escolas, à maneira de exercer a psicanálise.

A psicanálise é inteiramente um paradoxo, desde a regra fundamental, do tipo "seja espontâneo", até o objetivo final, a dissolução da transferência, passando pela escuta analítica, que ouve um discurso distinto daquele que é pronunciado e por um pedido que não recebe resposta, ou que a recebe num lugar diferente do esperado. Segundo a técnica analítica, independente da escola, o analista se encontra numa poltrona, numa posição de poder, enquanto que no divã, numa posição de demandante, encontra-se o analisando; este espera tudo do analista, que deve prestar-se às fantasias do analisando projetadas sobre ele. Compreende-se, então, que o exercício da psicanálise possa ser uma porta aberta a todas as perversões, seja qual for a escola e a teoria do terapeuta.

Em princípio, a longa análise pessoal do analista faria-o ter consciência de sua pulsão de dominação, de seu sadismo, de seu narcisismo, de seu gozo megalomaníaco. Porém, existe também a compaixão em relação ao seu irmão infeliz, sua identificação à parte sofredora do paciente, seu desejo de reparação, seu desejo de justiça, seu desejo de liberar o outro com a ajuda da teoria e da técnica aprendida por ele, podendo constituir as maiores desvantagens e, ao mesmo tempo, os melhores instrumentos a serviço do analisando. Efetivamente, o exercício da psicanálise assemelha-se a uma navegação em que haveria não apenas Sila e Caribde, mas uma infinidade de obstáculos, que devem ser manobrados sem, no entanto, perder de vista um porto existente no qual o analisando poderia, enfim, encontrar repouso – se possível, um repouso que não seja eterno. . .

Entretanto, nessa navegação sem aparelhos encontra-se, entre os lacanianos, um obstáculo suplementar e de envergadura: trata-se de uma teoria que se desejava cada vez mais abstrata, matemática, desafetada, baseada em leis específicas – *o inconsciente está estruturado como uma linguagem*. Qual é a "dose" de teoria que se aplica então, e até que ponto o objeto da aplicação permanece um sujeito?

O que nos conduz a esta questão crucial: qual é o objetivo final de um tratamento? Não se ousa falar em cura, não é *psychoanalytically correct*. Nem ousamos evocar Freud, dizendo banalmente que o sinal de uma análise bem sucedida é poder amar e trabalhar, resignar-se a uma certa felicidade, uma certa alegria de viver, um certo bem-estar, das relações suficientemente boas consigo mesmo e com os outros.

Sabemos que o objetivo do tratamento não é exatamente o mesmo, segundo as diferentes escolas ou analistas, nem segundo os analisandos nem tampouco segundo o projeto de cada analista para cada analisando – e que não seja dito que o analista não tem projeto; é ainda uma dessas negações tão úteis ao exercício dessa profissão! E esquece-se, freqüentemente, que é em si mesmo terapêutico o esforço que faz o sujeito de boa vontade com seu tempo, seu dinheiro, sua confiança, mesmo quando ele se vê às voltas com o terapeuta mais anódino (contanto que este não seja perverso) ou o menos inteligente, ou não apenas mudo, mas surdo-mudo, como dizia Castoriadis[3]. A esse respeito, a turgescência narcísica provocada pelo fato de ter sido "tomado" e escutado em análise por Lacan, fazendo assim parte dos eleitos, era evidentemente uma parte não desprezível da evolução psíquica favorável que conheceram, indubitavelmente, numerosos de seus analisandos.

De qualquer maneira, o analisando efetua um trabalho psíquico que faz com que ele não saia da análise no mesmo estado em que entrou; no melhor dos casos, um pouco menos neurótico. Mas a que custo de lágrimas, de sofrimento... e de dinheiro. E que somos senão teste-

---

3. C. Castoriadis, *op. cit.*, p. 92.

munhas, no sentido que dá a esse termo Fabio Landa[4]: aquele que fornece um atestado de existência; ou ainda o farol que ilumina uma zona que o sujeito quer guardar na sombra, ou por vezes, aquele que pronuncia uma palavra que romperia certas cadeias?

Efetivamente, pode-se dizer que se trata de liberar o sujeito das amarras que o impedem de viver. Porém, ao final de muitos anos, o resultado de certas análises é ver essas amarras substituídas por uma teia de palavras, que pouco a pouco perdem seu sentido primordial para adquirir um duplo, triplo, uma variedade de sentidos; e o sujeito, que estava num mundo coerente de sofrimento, encontra-se num universo fragmentado em que o tudo e o nada se equivalem, para não dizer tudo e qualquer coisa. Somos obrigados então a aceitar a definição sobre psicanálise de Houellebecq[5]: "a psicanálise é aquilo que transforma uma pamonha numa piranha"! Só criticaria essa definição pelo fato de ser muito restritiva: por que apenas as mulheres? O efeito sobre certos homens foi ainda mais devastador. Escutemos François Perrier[6], naquilo que ele denomina os suicídios libidinais: "Foram vistas cometendo erros nos meios psicanalíticos pessoas completamente devastadas, compelidas a refabricar um narcisismo

---

4. F. Landa, "Folie de la langue et meurtre du vivant", em *D'un siècle à l'autre la violence en hertiuge*, Paris, In Press, 2001, p. 99.
5. M. Houellebecq, *Extension du domaine de la lutte*, Paris, Nadeau, 1994, p. 118.
6. F. Perrier, *Voyages extraordinaires en Translacanie*, Paris, Lieu Commun, 1985, p. 113 (Em português: *Viagens Extraordinárias pela Translacania*, tradução de Lucy Ribeiro de Moura e Marie-Sophie G. Camarão T. Ribeiro, Campinas, Papirus, 1987).

de empréstimo, alinhavado com conceitos lacanianos; a constituir uma vida libidinal emprestada do tipo perversa, na busca de excitação ou de donjuanismo e que se exilaram completamente de si mesmas".

A análise lacaniana é uma busca permanente, mas do quê? Que embriaguez do escancaramento é essa, que transparece nas palavras de Lacan e que foi transmitida para a prática de seus discípulos?

Num congresso da Escola Freudiana, o discurso de um dos conferencistas tinha como título, *O afastador**. Em sentido geral, o psicanalista teria a função de afastador. Li, numa obra recente citada acima[7], a seguinte frase de Charles Melman – ex-diretor da Escola Freudiana e fundador, após a dissolução desta, da Associação Freudiana Internacional: "meu seminário me obriga a, cada vez, reabrir as feridas".

Há muita *ferida* na linguagem lacaniana; há muito *escancaramento*, muita *falha* e muita *catástrofe*. Se fizéssemos uma análise ponderada do vocabulário lacaniano, essas *palavras* apareceriam muito bem colocadas. Seguramente, catástrofe é empregada no sentido matemático, mas o uso desses termos, como na palheta de um pintor, adquire um quadro de uma tonalidade geral espantosamente sombria. Acrescentemos o "des-ser" e esta frase trágica de François Perrier, numa obra que se quer imaginativa e distanciada e que só é ainda mais pungente[8]: "Ele [Lacan] legou as metástases do des-ser."

---

*. Instrumento cirúrgico que serve para afastar os bordos de uma ferida.
7. *Quartier Lacan*, Denoel, p. 123.
8. F. Perrier, *op. cit.*, p. 103.

Retomemos o termo *afastador*. O cirurgião provoca dor antes de curar. Porém, por quanto tempo ele deve causar dor? Por quanto tempo as bordas da ferida devem permanecer afastadas?

Pode ser que o psicanalista tenha em certos momentos a função de afastador. Porém, será preciso jamais deixar que a ferida se feche, repisando durante longos anos as infelicidades passadas? Ou fechar a ferida após ter retirado grande parte do sofrimento, mas não cicatrizá-la completamente nem deixá-la apreciável? Será que um incômodo relativo, que não impeça de viver, não seja preferível a um grande sofrimento sempre renovado, na esperança de que um dia ficaremos enfim liberados de toda dor, ou – outra frase lacaniana que obteve um sucesso fulgurante – poderemos enfim *deixar advir o desejo*?

Na sua crítica penetrante ao sistema lacaniano, Didier Anzieu[9], que fizera ele mesmo uma primeira análise de quatro anos com Lacan, mostra a que ponto o objetivo de realização do desejo não é suficiente para certos pacientes: "Que lindo programa para um paciente que não experimenta desejos!" e "[. . .] para o paciente, a porta é aberta para a realização do desejo de destruir-se, se o analista se contenta em enunciar que só o desejo conta".

E se há desejo, qual será ele? Tomemos um exemplo extremo, o de Catherine Millet[10], que, após longos anos

---

9. D. Anzieu, *Une peau pour les pensées*, Paris, Apsygée, 1986, reedição 1991, p. 58.
10. C. Millet, *La vie sexuelle de Catherine M.*, Paris, Seuil, 2001 (Em português: *A Vida Sexual de Catherine M.*, tradução de Cláudia Fares, Rio de Janeiro, Ediouro, 2001).

de análise, pôde descrever minuciosamente, numa obra que também obteve um sucesso fulgurante, suas fantasias e seus atos numa gloriosa sexualidade do gênero de troca de casais. Porém, por que não? Eis aí, o desejo que advém.

Foram necessários cem anos para que a psicanálise conseguisse romper completamente o espartilho moralizador que sufocava as grandes damas histéricas da época. Porém, o excesso de oxigênio também não comporta perigos? Não nos encontramos atualmente na embriaguez do si-mesmo, que freqüentemente tem por corolário o que Pascal Bruckner[11] chama de um "infantilismo desregrado gerador de grosseria, mas também de solidão"? É preciso então ousar interrogar, ainda, qual é a parte que cabe a uma certa psicanálise nesse processo. As pesquisas e concepções atuais sobre as estruturas em rede também deveriam ajudar-nos a apressar nossa revolução copernicana; já é hora de distanciarmo-nos de uma visão bem marcada de monocentrismo, cujas conseqüências tornam-se cada vez mais evidentes.

O psicanalista trabalha ao mesmo tempo com o que ele é e com suas teorias ou, de preferência, ele emprega suas teorias de acordo com as linhas de força de sua própria personalidade. Pode-se perguntar, além disso, se ele não "escolhe" a teoria precisamente segundo sua correspondência com essa personalidade. Encontramos à nossa disposição todos os "psi", do comportamentalista ao junguiano. Mas o que acontece se a teoria vai para o sentido dos pontos cegos ou da perversão do analista e está imersa também na atmosfera da época?

---

11. P. Bruckner, *Le Monde*, 8.05.2002.

A *atmosfera da época*, bela fórmula que se pode escutar de tantas maneiras. Os lacanianos ao mesmo tempo cantaram a música de sua época, plena de dissonâncias e de estridulações, e contribuíram para sua composição. Eles tornaram rarefeito o ar respirado por seus contemporâneos e nós, tantos anos depois, continuamos imersos nesse ar empobrecido, que nos desvitaliza e nos asfixia; continuamos a dançar essa triste música. É uma época não romântica por excelência e na qual não se pode ser bobo. Contudo, é precisamente Lacan que, num desses trocadilhos de algibeira dos quais ele tinha o segredo, intitulou um de seus seminários como *"Os Não Tolos Erram"*. Qual é nossa errância hoje em dia?

Depois do lirismo de Bachelard, houve o cinismo de Lacan. Seguramente, o pensamento e literatura da Europa sempre oscilaram entre Madame de Merteuil e Werther, entre o cinismo e o romantismo, entre o seco e o úmido, digamos mesmo lacrimoso. Porém, com a atitude lacaniana, é como se devesse desaparecer a fina cortina de lágrimas interposta entre nós e o mundo exterior e que nos permite ter dele uma visão suportável e assim nos encontramos com os olhos irritados, nos dois sentidos do termo. É de bom tom, entre os lacanianos, falar com desprezo de uma certa psicanálise humanista. Entretanto, não se trataria aqui de uma teoria que, em sua abstração extrema, inclinar-se-ia para o lado do não humano?

Michael Fain[12] dizia que vivemos na comunidade da recusa da morte: é impossível viver sem esta recusa, e somente quando a morte se aproxima de nós, ou de um

---

12. M. Fain, D. Braunschweig, *La nuit, le jour*, Paris, PUF, 1975.

dos nossos, é que a cortina da recusa é desfeita. Christophe Dejours[13], em sua teoria da terceira tópica, fala também da recusa como proteção contra a percepção da realidade. Esses sentimentos, essas sensibilidades, essas idealizações podem também estar a serviço da recusa. Porém, pode-se viver fora dessa recusa? Até onde pode-se chegar na recusa da recusa?

Certamente, seria demasiado simples responsabilizar Lacan por todos os males ou tiques pelos quais atravessam a sociedade francesa de hoje em dia – escuto as trombetas dos intelectuais: insolência, dupla linguagem, ataques à língua, esmagamento dos valores; seria muito simples atribuir-lhe o deslizamento dessa sociedade rumo a uma certa secura, soberbia, absolutismo, sentido de derrisão e, pronunciemos a palavra, desespero. Porém, por qual razão, num certo momento, uma pessoa encarna uma tendência, uma filosofia, uma política e arrasta a sociedade consigo? É o que foi Lacan para os intelectuais desabusados dos anos de 1970; é no seu rastro que foram produzidos e se produzem ainda os fenômenos mais detestáveis. E é assim que nasceu o *homo lacanus*, brandindo numa mão a matraca do paradoxo e, na outra, a lança da derrisão, bem protegido em sua deslumbrante carapaça teórica.

Tomemos emprestada de Didier Anzieu[14] a enumeração impressionante dos elementos dessa carapaça: "o estádio do espelho; a distinção dos três registros do imaginário, do simbólico e do real; a outra distinção do de-

---

13. C. Dejours, *Le corps d'abord*, Paris, Payot, 2001.
14. D. Anzieu, *op. cit.*, p. 53.

sejo, da necessidade, do pedido; o papel do significante para a articulação da fantasia e do discurso e o desfile dos significantes; a divisão do sujeito; o nome do pai e sua forclusão na psicose; a produção das formações do inconsciente pelos processos metafóricos e metonímicos; a alienação fundamental pelo deslocamento ao lugar do Outro; o ser humano como *parlêtre** estruturando-se pela *lalangue*** (numa só palavra) etc."

Porém, continua ele, "Infelizmente, a freqüentação dos círculos lacanianos, a familiaridade com essas noções, a facilidade de jogar com elas no discurso e de fazê-las brilhar, não ajudaram em nada os discípulos de Lacan a adquirir um sentido clínico e a trabalhar psicanaliticamente com seus pacientes".

---

*. *Parler* + *être* (falar + ser). (N. da T.)
**. a + língua e também referência à lalação. (N. da T.)

Uma das dificuldades – e riquezas – da psicanálise é ela ser concomitantemente teoria filosófica e prática terapêutica: a maneira como cada analista segura as rédeas para que um dos cavalos não se embale (ou, pelo contrário, não adormeça) e faça capotar o conjunto é um problema não apenas da habilidade, mas do rigor de cada um. Porém, não se pode negar a influência da pertinência a esta ou aquela escola psicanalítica nesse dispositivo.

Lacan foi certamente um filósofo. Por que não aderir à frase elogiosa de Elisabeth Roudinesco na contra-capa de sua obra consagrada a Lacan: "A história guardará que foi esse homem quem soube analisar da maneira mais refinada as transformações da família ocidental, o declínio da função paterna, as contradições do amor, as ilusões da Revolução, a lógica da loucura"?

Além do mais, lembrarei que, nos Estados Unidos, Lacan foi por muito tempo considerado unicamente filósofo, antes que sua teoria passasse para o divã. Contudo, ela invadiu de tal maneira os domínios da crítica de arte e da crítica literária, por exemplo, que é muito difícil atualmente ser publicado algum texto nos meios universitários americanos se não forem utilizados os quadros lacanianos. Observa-se, então, o espantoso impacto de uma teoria extremamente complexa, que indubitavelmente respondeu a uma necessidade vital: o intelectual, como a natureza, tem horror ao vazio, que se encontra aqui preenchido de maneira esplêndida. Porém, veremos mais adiante como, em determinadas condições, a teoria pode transformar-se em instrumento de poder.

Assim, a história lembrará que Lacan era filósofo. Porém, lembrará que ele "trabalhou psicanaliticamente" e mostrou a seus discípulos o caminho para realizá-lo?

O que é "trabalhar psicanaliticamente"? Determinadas teorias podem ajudar mais a fazê-lo do que outras? As teorias têm, como os sonhos, uma significação latente por trás do discurso manifesto? E quanto à prática terapêutica, não seria preciso questionar ainda e sempre o que a relação analista-analisando exige e implica para além da técnica?

Para que essa relação dual bem particular possa ter efeitos transformadores, é necessário, de cada analista, uma dosagem sutil entre narcisismo e oblatividade (Oh! Quantos dentes hão de ranger com esta palavra!), entre identificação e reconhecimento da alteridade fundamental do outro. Devemos ser o psicanalista não-indiferente do qual fala Abraham e Torok[1], conforme sua noção de

---

1. N. Abraham e M. Torok, *L'écorce et le noyau*, Paris, Flammarion, 1987, p. 193 (Em português: *A Casca e o Núcleo*, tradução de Maria José R. Faria Coracini, São Paulo, Escuta, 1995).

ressonância, que "se distingue radicalmente tanto da *Einfühlung*, marcada de subjetivismo, quanto da observação puramente objetiva".

Psicanalista não-indiferente, mas também psicanalista não demasiado presente ou que pese demasiadamente. Precisamos examinar agora o narcisismo do analista e como esse narcisismo pode causar efeitos devastadores no analisando, o uso que o analista faz da teoria e a significação latente dessa própria teoria.

Um dos modos de expressão do narcisismo do analista pode ser a língua empregada por ele. Aqui, farei referência a um trabalho já antigo[2] em que considerava a maneira como a língua do analista influía na língua do analisando. Traçava, então, uma tipologia grosseira dos analistas quanto às línguas que estes eram capazes de manejar e assim interpretar, considerando desde os analistas poliglotas, aventurando-se com seus pacientes num oceano fusional, correndo o risco de nele se afogar e afogar seus analisandos – não sendo mais necessárias uma outra referência, uma interpretação num além: é o monólogo a dois, outra maneira de negar a diferença e a falta, se não for mantido precisamente o ponto de referência de uma outra língua – até o analista xiloglota (do grego *xylo*: madeira).

Além da anedota, são grandes as implicações, as armadilhas, as tentações contratransferenciais, bem diferentes conforme cada uma dessas categorias. Quanto ao tema dedicado por nós, insistirei no analista monoglota,

2. "Langue de bois, langue de chair", em *Rêve de corps, corps du langage*, obra coletiva, Paris, L'Harmattan, 1989.

porque as fantasias subjacentes ao seu trabalho são da ordem do mito. Diversos mitos estão atuantes, em primeiro lugar, o da torre de Babel: originalmente, havia uma única língua, perfeita; foi a perversidade humana que rompeu essa esplêndida unidade. Trata-se, então, de insidiosamente fazer o sujeito voltar a essa língua materna, essa língua mestra; a função interpretante pode então se deslocar para uma função de mestre. Não se é mais intérprete, mas professor de língua e, no limite, de fonética. Todos pudemos observar um mimetismo no linguajar de alguns pacientes; os fenômenos transferenciais observados nos meios lacanianos são uma ilustração disso, até mesmo a caricatura: alguns discípulos chegaram mesmo a adotar um certo pigarrear particular do Mestre...

De que maneira é transmitida ao analisando uma língua particular bem estranha por analistas praticamente mudos (sabe-se que é entre os lacanianos que esta população é mais numerosa)? Eis que se abre um domínio *umheimlich* (sinistro), um território metapsicológico que mereceria vários volumes, mas que bem poucos analistas ousaram abordar. O próprio Freud, com sua lucidez e honestidade habituais, ao mesmo tempo em que apresentou o problema, afirmou sua repugnância em tratá-lo, convidando seus colegas a aprofundar a pesquisa apenas esboçada ao evocar o que ele denominava a transferência e a indução do pensamento[3].

---

3. S. Freud, "Psychanalyse et télépathie", em *Résultats, Idées, Problèmes*, vol. II, PUF, 1985 (Em português: *A Psicogênese de um Caso de Homossexualismo numa Mulher; Psicanálise e Telepatia e outros Trabalhos*, Rio de Janeiro, Imago, 1976).

Conhecemos o trabalho de Michel de M'Uzan[4] sobre a contra-transferência paradoxal que mostra como, em determinados momentos, "o analisado invade o aparelho psíquico do analista, desencadeando nele processos mentais originais". Mas sua abordagem só evoca, de certo modo, um único movimento dos exércitos nessa terra de ninguém, na qual, diz ele, "os poderes são partilhados". E onde fica nossa própria ocupação do terreno?

Por definição, trata-se de processos inconscientes que atuam, que caminham silenciosamente e penetram no aparelho psíquico de nossos analisandos. Não temos nenhum domínio sobre isso, apenas a fé em nossa própria análise e nossa própria teoria. De acordo com a maneira pela qual essa teoria é apreendida, mais ou menos intensamente, mais ou menos absolutamente e segundo a visão de mundo que ela implica, pode-se supor que esses processos serão completamente diferentes.

Voltemos então à teoria. Disse acima que meu propósito não concernia à teoria lacaniana em si mesma. Porém, sem que nos aventuremos no âmago dessa fortaleza, ao explorar seus confins é que se pode encontrar talvez as razões pelas quais, segundo os termos de Anzieu, as idéias lacanianas "resistem mal ao teste da prática", ou melhor, "encerram graves perigos em sua aplicação sem discernimento" e descobrir também as razões do sucesso obtido por essa teoria.

---

4. M. de M'Uzan, "Contre-transfert et système paradoxal", em *De l'art à la mort*, Paris, Gallimard, 1977, p. 172.

Na continuidade da vida psíquica, que vai desde as sensações corporais mais fusionais até as formas de sublimação mais elaboradas, Lacan traçou as fronteiras para além e aquém das quais não se deve conceber o campo psicanalítico. Ele as exprime com sua derrisão habitual. No aquém, citemos "que ninguém duvide que, nessa rota, farejar-se reciprocamente não se torne o fino do fino da reação de transferência"[5]. E no para além, trata-se de excluir "a ternura da bela alma". Por um lado, exclui-se o pré-verbal, o corpo naquilo que ele tem de mais animal, de mais arcaico; do outro lado, o afetivo, o estético e o imaginário idealizante. Um campo bem estreito e seco! Que flores bizarras vão desabrochar aí?

Não é a teoria, erudita, argumentada, explosiva, nova que deve ser interrogada aqui, mas sim o ser que nasce dessa teoria. Se tratamos de afastar um a um, como as cortinas superpostas de um teatro, os períodos resplandecentes, as digressões espirituais, os virtuosismos de linguagem, as eruditas aproximações filosóficas, lingüísticas, antropológicas, estruturalistas, o que aparece sob esses véus? Tentemos imaginar (sim, imaginar!) o homem descrito por Lacan: é um homem em negativo, uma radiografia; o que é vivo não aparece mais; um homem descarnado, desvitalizado, uma marionete cujos fios são puxados pelo significante, um *parlêtre*. Um *parlêtre* é alguma outra coisa que palavra?

E aqui se coloca a questão nodal: por que essa concepção do humano encontrou tal adesão?

---

5. Lacan, *op. cit.*, p. 267.

Não é necessário evocar, tanto esse aspecto já foi estudado, a economia de angústia que representa um modelo intelectual. Mas, por que justamente esse?

É a partir do lugar privilegiado no qual me encontrei que posso tentar responder, ou melhor, dos dois lugares tão diferentes que ocupei sucessivamente: o lugar da testemunha muda que não tem de pensar, que só deve, necessariamente, "pegar" as palavras e o lugar do analista, que deve escutar por trás das palavras tudo aquilo que não é dito, pensá-lo e interpretá-lo.

A profissão de analista tem uma posição de poder, evidência que não é geralmente importante para os analistas. Por ter transitado de uma posição de não-poder absoluto (*a batedora*) para uma posição de poder, prestígio, satisfação narcísica, aura profissional (falo evidentemente das projeções dos pacientes ou do meio social e não de uma realidade bem diferente, entremeada de fracassos, de inabilidades e de desesperos), creio poder ponderar melhor os diversos elementos constituintes do cimento que aglutinou, de maneira tão compacta, os defensores empedernidos da teoria.

Se analisarmos a composição desse cimento que manteve e ainda mantém juntas tantas pessoas, retomando os diversos aspectos que evoquei e que transparecem no discurso manifesto de Lacan (a derrisão, a arrogância, o não-respeito, a dominação), a imagem guerreira do *homo lacanus* torna-se cada vez mais evidente e a frase de Freud sobre os companheiros de ódio e de desprezo adquire plenamente seu sentido. Mas por que a guerra? Contra quem? Contra o quê? Para que a violência é necessária? Para proteger de quê?

O ódio e o desprezo – isso nos aparece de maneira ainda mais ofuscante, hoje em dia, nas manifestações de violência que nos rodeiam – são tão somente uma das respostas possíveis ao sentimento que aflige todo ser humano: o medo. Na nossa profissão, é o medo do desencadeamento dos afetos que temos de encarar cotidianamente, o medo do transbordamento dos próprios afetos, o medo do incontrolável, em suma, o medo de si mesmo e do outro. As teorias hermenêuticas sempre tiveram uma função contrafóbica. Que melhor proteção do que uma teoria em que a realidade dos sofrimentos deva sempre passar pelo prisma da fantasia, em que a colocação à distância do afeto, potencializada por uma intelectualização abusiva, termina por anulá-lo. O benefício econômico e a função de para-excitação dessa teoria tornam-se então flagrantes. Porém, tal atitude, confirmada pela do chefe de escola, não pode ser mantida sem uma hipertrofia do narcisismo do analista, que só pode ter efeitos perniciosos sobre os analisandos, entre os quais o da língua estrangeira imposta que eu evocava.

Lembremos as palavras de Freud a respeito do chefe da horda[6]: "hoje em dia ainda, os indivíduos, ao comporem uma massa, têm necessidade de saber que o chefe os ama com um amor justo e igual, mas o chefe não tem necessidade de amar ninguém, ele é dotado de uma natureza de mestre, seu narcisismo é absoluto". Que melhor exemplo do que aquele de Lacan "esquecendo" ou "reprimindo" em seu narcisismo absoluto, durante os qua-

---

6. S. Freud, *Essais de psychanalyse*, Petite Bibliothèque Payot, p. 151

tro anos que teve em seu divã Didier Anzieu, o fato de este ter por mãe a pessoa internada que ele havia tomado como objeto de sua tese[7].

Podemos então perguntar quais são as conseqüências, quando se tem um chefe de escola cujo narcisismo é absoluto, dessa maneira de "trabalhar psicanaliticamente". E, se nos colocamos simplesmente na perspectiva de uma patologia que teria sido desenvolvida em numerosos analistas, torna-se fácil identificar os mecanismos de defesa em atividade: eles se situam, sobretudo, do lado da recusa da realidade psíquica e do controle onipotente do objeto; além de um outro aspecto, também bastante arcaico: um mestre que foi perseguido e que agora encontrou a glória torna-se um suporte identificatório de uma solidez a toda prova e permite todos os jogos e todas as variações em torno do eixo perseguidor-perseguido.

---

7. Lacan, *De la psychose paranoïaque dans ses rapports avec la personnalité*, Paris, Le François, 1932, reedição Paris, Seuil, 1975 (Em português: *Da Psicose Paranóica em suas Relações com a Personalidade;* seguido de *Primeiros Escritos sobre a Paranóia,* tradução de Aluísio Menezes, Marco Antonio Coutinho Jorge e Potiguara Mendes da Silveira Jr., Rio de Janeiro, Forense-Universitária, 1987).

É chegado o momento de nos interrogarmos sobre as relações tecidas, primeiro no próprio Lacan e depois em seus herdeiros, entre o absoluto do poder e o absoluto da teoria que se envolvem na mesma banda de Moebius, tão freqüentemente evocada no seu seminário.

Nada mais freqüente, na história das idéias, a existência de, numa determinada época da sociedade francesa, um homem muito inteligente e manipulador que subjugue os intelectuais de seu tempo. "O poder só chega àqueles que o desejam fortemente e que sabem manejar com habilidade a psicologia coletiva para consegui-lo", diz ainda Anzieu[1] a respeito de Lacan. Esse era o desejo tangível ao longo de todo o seu seminário. Efetivamente, ele *adveio*. Mas o que merece ser examinado de perto é o desenvolvimento, por um último paradoxo, de uma tentativa hegemônica, que tende a fazer coincidir um

---

1. D. Anzieu, *op. cit.*, p. 52.

campo teórico limitado por definição e o campo imenso que constituem as instituições "psi" por toda a França e assim, virtualmente, todas as pessoas em sofrimento psíquico.

Sabemos que a Escola Freudiana, após sua dissolução por Lacan algum tempo antes de sua morte, fragmentou-se em diversos grupos e grupúsculos de combatividade teórica e prática bastante distintas. É por isso que seria simplista caricaturar. Existem psicanalistas que têm Lacan como referência: trabalham de maneira flexível, com um respeito absoluto pelo paciente, não são sádicos nem brutais e conduzem com consciência seus tratamentos. Existem seguramente também analistas de outras escolas em que o gosto pelo poder e pelo mandarinato não estão ausentes, ou em que a utilização meramente imposta de uma teoria esclerosada desemboca em análises intermináveis ou aflitivas, já que é o lugar do "ser-analista" que, em todos os casos, é suscetível de desvio. Efetivamente, como vimos, a psicanálise porta em si os germes de sua própria perversão, a pertinência a esta ou aquela escola, ou a identificação a este ou aquele mestre, terminando por facilitar ou frear sua eclosão.

Somos obrigados, então, a constatar que um desses grupos, a Escola da Causa Freudiana, é a própria encarnação dos perigos denunciados por Anzieu, não apenas do lado da teoria da prática (aplicação sistemática do tudo-análise e da cura-tipo – sessões curtas etc.), mas também do lado da dominação. Como se os fundamentalistas lacanianos estivessem presos numa compulsão de repetição, não há outra saída a não ser uma tomada de poder sempre renovada (e conhecemos os elos entre compulsão de repetição e pulsão de morte).

O fundamentalismo, diz Jean Nadal[2], encontra sua essência na leitura ao pé da letra dos textos sagrados; a identificação narcísica a uma imagem divina é fundadora do delírio fundamentalista. E, ele nos lembra, "Pierre Legendre já havia dito no tempo da Escola Freudiana, com coragem e humor: 'por que seria preciso que esta Escola Freudiana a qual eu pertenço (da maneira mais inocente), que aparentemente só se autoriza de si-mesma, funcione de um modo divino?"

A tomada de poder é aqui traduzida por aquilo que somos obrigados a denominar uma política de conquista de mercados. Estamos bem longe da teoria, num domínio completamente terra-a-terra, mas que não temos o direito de eludir, porque é a própria idéia que fazemos da psicanálise e dos psicanalistas que está em questão.

A situação descrita pelos colegas trabalhadores de toda a França é a seguinte: tratar-se-ia de uma organização quase-militar, uma partilha da França em regiões, com o envio de "analistas" (por vezes, pessoas com apenas um embrião de análise e de formação – já que *o analista só se autoriza de si-mesmo*) para lugares virgens onde pregarão a boa palavra; tudo isso acompanhado de uma guerra implacável contra os inimigos (as outras escolas), os traidores (aqueles que, de vez em quando, irão ver o que ocorre em outros lugares) e os mornos (aqueles cujo essencial é ocupar-se dos pacientes).

---

2. J. Nadal, intervenção no colóquio *D'un siècle à l'autre, la violence en héritage*, Paris, outubro 2001.

Podemos imaginar a nocividade desse sistema e suas conseqüências.

A pessoa surpreendida, sem formação suficiente e às voltas com casos às vezes bastante graves de psicose ou de depressão, se não for perversa nem paranóica, desmoronará antes do paciente.

Numerosos pacientes analisados nessas condições terminam sendo "recolhidos" (freqüentemente num estado lamentável) nos divãs de analistas de outras escolas, isso quando desistem definitivamente de toda idéia de análise ou de psicoterapia.

Enfim, tais comportamentos institucionais, ou seja, garantidos pela instituição, prejudicam o próprio conceito de psicanálise. Como um colega escrevia para mim, a psicanálise deve ser, em todos os domínios, o contrário de uma tomada de poder. E não se pode agir de uma certa maneira em praça pública e de outra no segredo do consultório: encontramos aí a impostura.

Falei da França, mas os conquistadores jamais se contentam com fronteiras estreitas. Para aqueles que não tiveram a coragem de chegar, no notável livro de E. Roudinesco[3], ao capítulo *Heranças*, cito o seguinte: "nenhum deles (os analistas da Escola da Causa Freudiana – ECF) ousou abolir radicalmente o tempo da sessão, mas o quarto de hora tornou-se, na ECF, o modelo da cura-tipo. Alguns não marcam mais consulta em hora fixa e outros reduziram o tempo para cinco minutos. Muitos latino-americanos fazem seu tratamento em Paris, pegam o avião

---

3. E. Roudinesco, *op. cit.*, p. 562.

e permanecem um mês por ano: as sessões de quinze minutos se sucedem, então, ao ritmo de três ou quatro por dia, durante um mês. Assim fica assegurada a centralização do império".

A obra de Elisabeth Roudinesco foi editada em 1993, portanto há bastante tempo. Não sei se os latino-americanos continuam sua heróica odisséia. De todo modo, o quadro descrito por colegas de outras regiões da França confirma que o império está longe de desaparecer, que ele estende seus tentáculos a instituições, universidades, seminários e grupos de estudo de todas as ordens, tudo isso, ao mesmo tempo, à maneira conquistadora evocada acima e de um modo igualmente pernicioso que consiste na desvalorização das pessoas que não passaram pelo templo único do saber.

Assim, acobertado por um pensamento altamente elaborado e portanto dificilmente acessível, chega-se suavemente a um aprisionamento dos espíritos, aprisionamento tão mais insidioso do que a doutrina dita, ao mesmo tempo, emancipadora e pululante de idéias. Platão teria previsto esse estranho avatar de sua teoria quando, na *República*, pedia para que os filósofos subissem ao poder?

Porque se trata precisamente de filosofia e não de quaisquer interesses corporativistas, de filosofia no sentido mais elementar: amor pela sabedoria. Essa invenção, a psicanálise – que sob suas formas teóricas promoveu tantas descobertas, foi a causa de tantas reflexões e pesquisas e que, em suas formas terapêuticas, apesar de nossos fracassos e incapacidades, permitiu a muitos sujeitos acederem à sua verdade, reencontrando o prazer de viver – deve ser esterilizada, esclerosada, desacreditando-se assim exteriormente e deixando-nos, interiormente, um gosto amargo e um sentimento de culpabilidade e de agressividade insidiosa?

Trata-se de uma visão de mundo em que não prevalece o restrito nem o logomáquico, onde podem coabitar e se enriquecer mutuamente as diversas tentativas para dar conta das inumeráveis facetas do humano. Para Lacan, o homem é um *parlêtre*; para Bachelard, ele deve ser um sonhador de palavras; Anzieu nos fala do *eu-pele* e Dejours do *corpo em primeiro lugar*. Essas concepções devem se excluir? Não é precisamente porque as palavras tiram sua força de raízes que elas penetram, tão profundamente, num corpo informe e fusional, podendo portar suas flores tão longe, no espaço psíquico, em que Valéry poderia escrever, num verso que condensa corpo, sonho e inteligência, que "O tempo cintila e o sonho é saber".

Trata-se de uma visão do humano. Falou-se tanto sobre o que é próprio do homem; o riso, seguramente; a linguagem, sem dúvida; a arte, evidentemente. Mas também os abismos de violência organizada; os elãs de idealização e de misticismo. E o paradoxo fundador de nosso trabalho encontra-se aí: nesta tensão jamais apaziguada entre esperança e desespero; viver sabendo que somos mortais, lutar para que a mandíbula de aço da violência não se feche em nós e em nossos analisandos; mesmo sabendo que essa violência estará sempre aí, acreditar nos longos caminhos elaborados, trabalhados, enquanto estamos imersos, mais do que nunca, hoje em dia, na tentação da instantaneidade.

Trata-se da ética de nossa profissão, do respeito ao humano, nosso semelhante. A arrogância da certeza é uma violência praticada aos nossos analisandos.

"*Eu venci lá onde o paranóico fracassou*", disse Freud.

Seria desesperador que, no seio da psicanálise, o paranóico estivesse em vias de ganhar.

COLEÇÃO ELOS
(Últimos Lançamentos)

43. *O Direito Internacional no Pensamento Judaico*, Prosper Weill.
44. *Diário do Gueto*, Janusz Korczak.
45. *Educação, Teatro e Matemática Medievais*, Luiz Jean Lauand.
46. *Expressionismo*, R. S. Furness.
47. *O Xadrez na Idade Média*, Luiz Jean Lauand.
48. *A Dança do Sozinho*, Armindo Trevisan.
49. *O Schabat*, Abraham Joshua Heschel.
50. *O Homem no Universo*, Frithjof Schuon.
51. *Quatro Leituras Talmúdicas*, Emmanuel Levinas.
52. *Yossel Rakover Dirige-se a Deus*, Zvi Kolitz.
53. *Sobre a Construção do Sentido*, Ricardo Timm de Souza.
54. *Circularidade da Ilusão*, Affonso Ávila.
55. *A Paz Perpétua*, J. Guinsburg (org).
56. *A "Batedora" de Lacan*, Maria Pierrakos.
57. *Quem Foi Janusz Korczak?*, Joseph Arnon.